Für

Von

No. 6

Schöner lesen!

MIX
Papier aus verantwortungsvollen Quellen
FSC® C144853
FSC
www.fsc.org

ISBN 978-3-649-63681-6

Hafenweg 30, 48155 Münster, Germany
Covermotiv: shutterstock.com
Grafische Gestaltung: Daniela Lengers, Laer
Redaktion: Nina Sträter

www.coppenrath.de

GUTE GEDANKEN FÜR KLUGE FRAUEN

Weisheiten für jeden Tag

COPPENRATH

Die Frau
ist das Herz der Welt,
und dieses Herz ist dazu berufen,
sich gegen alles Ungerechte
und Gemeine aufzulehnen.

LUISE BÜCHNER

Ohne Frauen
geht es nicht,
das hat sogar
der liebe Gott einsehen müssen.

ELEONORA DUSE

DAS GENIE

HAT KEIN

GESCHLECHT.

MADAME DE STAËL

Nur wenn du deinen tiefsten Instinkten folgst, kannst du ein reichhaltiges Leben führen.

KATHARINE BUTLER HATHAWAY

Ich war ein junges Mädchen, beinahe noch ein Kind, meine traumhaften Ansichten, meine Sympathien und Antipathien wechselten wie Aprilwetter; aber eines stand immer klar und felsenfest in mir: die Überzeugung, dass ich nicht über diese Erde schreiten werde, ohne ihr eine wenigstens leise Spur meiner Schritte eingeprägt zu haben.

MARIE VON EBNER-ESCHENBACH

Die höchste *Lebensqualität*
ist nicht erreicht,
wenn man es am bequemsten hat,
sondern wenn man sich
am besten entfalten kann.

HENRIETTE HANKE

Finde dich,
sei dir selber treu,
lerne dich verstehen,
folge deiner Stimme,
nur so kannst du
das Höchste erreichen.

BETTINA VON ARNIM

Nur der erste Schritt
macht Schwierigkeiten.

MARIE DE VICHY-CHAMROND

Träume
dir dein Leben schön
und mach aus diesen Träumen
eine Realität.

MARIE CURIE

Wenn aber der eine Plan nicht zum Glück führt,
wendet sich die menschliche Natur
dem nächsten zu.
Sobald die erste Rechnung nicht aufgeht,
machen wir eine zweite und bessere.

JANE AUSTEN

DAS UNKRAUT

„Du Armes!“, sprach eine feine Blume zu einem Unkraut, das über Nacht neben ihr emporgeschossen war. „Sehr leid tust du mir. Kaum lässt du dich blicken, dass auch schon der Gärtner oder einer seiner Gesellen kommt und dich unter Verwünschungen wegfegt. Wenn ich bedenke, wie ich im Vergleich zu dir behandelt, wie ich behütet, gepflegt, bewundert werde, muss ich mich wirklich schämen.“ Sie neigte ihr rosiges Köpfchen und machte ein tugendhaft bescheidenes Gesicht.

Das Unkraut stieß ein derbes Lachen aus: „Dein Mitleid, du zartes Gebilde, ist übel angebracht. Siehst du denn nicht, wie lässig der Kampf gegen mich geführt wird? Mit einem Harkenstreich, einem Schlag mit der Stiefelsohle wird er meistens abgetan. Selten greift die Feindseligkeit mir an meine starke Wurzel, die sich tief und fast unausrottbar in das Erdreich senkt. Mich stets aus ihr zu erneuern ist mein Vergnügen und meine Wonne. Deine Wurzeln jedoch, Gehegte und Gepriesene, sind zart und fein wie du selbst, und nicht selten geschieht's, dass sie von dem ausgerissen werden, der einige deiner Blüten pflücken will. Sehr verschieden, darin hast du recht, ist unsere Stellung in der Welt, aber sage mir, wer die seine besser behauptet!"

MARIE VON EBNER-ESCHENBACH

Wenn wir anfangen, unser Versagen
nicht mehr so ernst zu nehmen, so heißt das,
dass wir es nicht mehr fürchten.

KATHERINE MANSFIELD

Was man verstehen gelernt hat,
fürchtet man nicht.

MARIE CURIE

Wenn es einen Glauben gibt,
der Berge versetzen kann,
so ist es der Glaube an die
eigene Kraft.

MARIE VON EBNER-ESCHENBACH

Lasst mich nur machen,
das ist alles,
worum ich bitte:
Dann werdet ihr
schon sehen,
was ich kann.

ANNE BRONTË

NICHT

DER GEIST

ALLEIN,

DAS HERZ

SEI FREI!

LOUISE ASTON

Die Freude
steckt nicht in den Dingen,
sondern im Innersten unserer Seele.

THÉRÈSE VON LISIEUX

Man muss wählen
zwischen Herz und Vernunft.
Ich gehorche dem Herzen.

ELEONORA DUSE

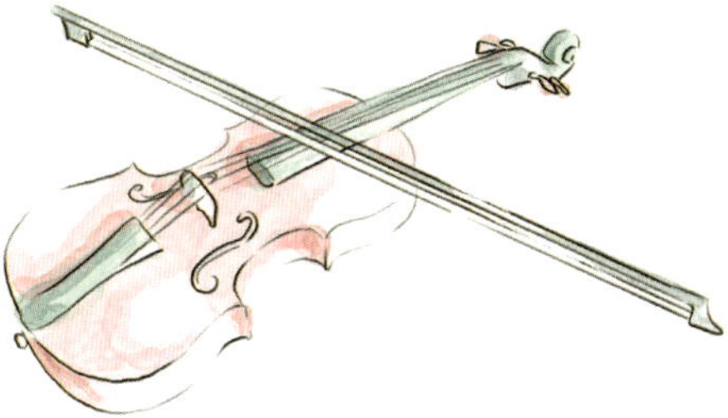

AUS EINEM BRIEF AN CLEMENS BRENTANO

Aber meine Seele ist eine leidenschaftliche Tänzerin, sie springt herum nach einer inneren Tanzmusik, die nur ich höre und die anderen nicht. Alle schreien, ich soll ruhig werden, und Du auch, aber vor Tanzlust

hört meine Seele nicht auf euch, und wenn der Tanz aus wär, dann wär's aus mit mir. Und was hab ich denn von allen, die sich witzig genug meinen, mich zu lenken und zu zügeln? Sie reden von Dingen, die meine Seele nicht achtet, sie reden in den Wind. Das gelob ich vor Dir, dass ich nicht mich will zügeln lassen, ich will auf das Etwas vertrauen, was so jubelt in mir, denn am End ist's nichts anderes als das Gefühl der Eigenmacht, man nennt das eine schlechte Seite, die Eigenmacht.
Es ist aber ja auch Eigenmacht, dass man lebt!

BETTINA VON ARNIM

Begeistere dich für das Leben.
Das bloße Gefühl zu leben,
ist Freude genug.

EMILY DICKINSON

Sich glücklich fühlen können,
auch ohne Glück –
das ist Glück.

MARIE VON EBNER-ESCHENBACH

Warmes, volles, lebendiges Leben –
im Leben verwurzelt sein –
lernen, wissen wollen, fühlen, denken, handeln.
Das ist es, was ich mir wünsche.
Und nichts weniger.
Danach muss ich streben.

KATHERINE MANSFIELD

*Pflege das Leben,
wo du es triffst.*

HILDEGARD VON BINGEN

SPÄTNACHMITTAG

Lange Schatten fallen
auf den hellen Weg
und die Sonne schickt noch
letzte Abschiedswärme
und das dünne Zwitschern eines Vogels ist,
als ob es lärme
und als stehl es etwas
von der Stille weg.
Menschen auf zehn Schritt Entfernung
sind wie aus ganz andern Welten
und fast möchte man
die welken Blätter schelten,
dass sie rascheln
und die letzten Sonnenstrahlen stören.
Und man möchte nur
die Veilchen wachsen hören.

SELMA MEERBAUM-EISINGER

Die Natur
hat tausend Freuden für den,
der sie sucht und mit warmem Herzen
in ihren Tempel eintritt.

RAHEL VARNHAGEN VON ENSE

In dem heiligen Schweigen,
in der großartigen
Ruhe der Natur
liegt der höchste Trost für den,
der ihre Sprache versteht.

FANNY LEWALD

An einem schönen Tag
im Schatten zu sitzen
und ins Grüne zu schauen
ist die wunderbarste Erfrischung.

JANE AUSTEN

*Die Langsamkeit
bietet die Chance,
das, was wir tun,
auch zu erleben.*

HENRIETTE HANKE

UM MIT BEHAGEN
MÜSSIGZUGEHEN,
MUSS MAN
ZU ZWEIEN SEIN
UND WOMÖGLICH
EINANDER LIEBEN.

FANNY LEWALD

Die Liebe ist wie ein Licht,
nur in seinen Strahlen
kann ich klar sehen.

KATHERINE MANSFIELD

Ist das ganze Leben nicht Lieben?
Und du suchst, was du lieben kannst?
So lieb doch das Leben wieder,
was dich durchdringt,
was ewig mächtig dich an sich zieht,
aus dem allein alle Seligkeit dir zuströmt.

BETTINA VON ARNIM

Wir sind alle Schöpfer,
Weltschaffende,
wenn wir lieben.

GERTRUD SIMMEL

Die Hindernisse sind das, was die Liebe erst interessant macht.

SARAH BERNHARDT

Wenn du liebst,
dringst du ans Licht wie der Samen,
der in der Erde verborgen war.

BETTINA VON ARNIM

Nicht Zeit und Gelegenheit sind entscheidend dafür, wie weit sich zwei Menschen nahekommen, sondern allein ihre Wesensart. Bei manchen reichen sieben Jahre nicht aus, dass sie sich kennenlernen, und bei anderen sind sieben Tage mehr als genug.

JANE AUSTEN

6. Mai 1925

Mein lieber Amadé,

jetzt weiß ich gar nicht mehr, was ich tun soll und was auf Deinen Brief antworten. Wenn ich mir auch stets denken konnte, dass ich nicht mein Leben lang Praxis ausüben werde und eines Tages andere und wichtigere Pflichten mich in Anspruch nehmen würden, so ist doch durch Deinen Brief diese Frage sehr akut geworden und hat diesen Konflikt ziemlich heftig bei mir ausgelöst. Und verzeih, Deine etwas schroffe Art hat mich etwas verletzt, dieses „entweder – oder". Allerdings denke ich heute schon etwas ruhiger darüber als gestern. Ich kann dich so gut verstehen und begreife vollkommen, was Du willst und wie Du mich haben willst, aber lieb, lieb Amadé, ein klein wenig musst Du doch auch mir Rechnung tragen und meiner Veranlagung und Einstellung.

Und Du kannst sagen, was du willst, und über das Frauenstudium denken, was Du willst. Ich habe nie aus Spielerei studiert, und je länger ich in meinem Beruf stehe, umso mehr hänge ich daran, umso schwerer wird mir der Gedanke, später gar nicht mehr darin arbeiten zu können …

Amadé, ich bin doch so gerne Ärztin, so furchtbar gerne, trotz aller deprimierenden Unzulänglichkeit und leider so häufigen Ohnmacht unseres Berufes. Und wer wüsste es denn besser als Du, dass ich trotzdem kein Blaustrumpf bin? Dass ich Frau in aller erster Linie bin – ach, ich kann das nicht alles schreiben! Aber Du sollst nicht mit einer solchen Handbewegung über Dinge hinweggehen, die ein Teil meiner Selbst geworden sind. Und das hat wehgetan …

Alles Liebe und Zärtliche!

Deine Lilli

LILLI JAHN AN ERNST JAHN

Selbst denken
ist der höchste Mut.
Wer wagt, selbst zu denken,
der wird auch selbst handeln.

BETTINA VON ARNIM

Kümmere dich nicht um die Meinung anderer.
Tu das, was dir am schwersten fällt:
Handle aus eigenem Antrieb.
Sei wahrhaftig!

KATHERINE MANSFIELD

*Es ist gut,
sich aus den
Verhältnissen
herauszulösen,
die einem
die Luft nehmen.*

PAULA MODERSOHN-BECKER

Ich habe *keine Angst*
vor Stürmen,
denn ich lerne,
wie man mein Schiff segelt.

LOUISA MAY ALCOTT

Es ist nie zu spät, das zu werden,
was man hätte sein können.

GEORGE ELIOT

Wir wissen nicht, wie groß wir sind,
bis sie uns zum Aufstehen zwingen.
Und wenn wir es dann wirklich tun,
wird unser Kopf durch die Wolken dringen.

EMILY DICKINSON

Ich vermeide es,
nach vorn oder zurück zu blicken.
Ich versuche einfach,
hochzuschauen.

CHARLOTTE BRONTË

Man musste als Lehrer unbedingt gefürchtete Respektsperson sein. Wenn das Wesen der Erziehung – auch der musikalischen – hauptsächlich darin bestehen soll, dem Schüler die Wege zu seinem eigenen Ich zu bahnen, so ahnte meine Lehrerin davon wohl nichts. Mein kleines, verschüchtertes Ich und die Musik, die ich lernen sollte, stellten sich wie zwei Feinde gegeneinander. Und doch war meine ganze Seele erfüllt von Musik, ich fand nur die bewusste Verbindung mit ihr nicht, und so wurde sie mein Feind.

Noch sehe ich das Zimmer, in dem ich Stunden hatte, mit seinen Glasmalereien an den Fenstern, mit seinen beiden großen Flügeln und den Violinpulten und -kästen, mit seiner Atmosphäre von Schelten und dunklem, angstvollem Widerstreben. Aber seltsamerweise wirkte dies alles nicht so auf mich, dass ich zu begreifen und zu üben versuchte. Ich muss wirklich ein großes Stück Leichtsinn in mir gehabt haben, dass ich alle diese Schrecken immer wieder so schnell vergessen konnte. Mein Gewissen schwieg und erwachte nur, wenn ich vor der eisenbeschlagenen Tür stand, die zu meiner Folterkammer führte. Außerdem erschien mir die Sache derartig hoffnungslos, dass ich mich gar nicht viel um sie mühte. So ging es eine Weile, bis Kathi erklärte, ich sei so verstockt und faul, dass sie mit mir nichts anfangen könne. Ich wurde von meiner Mutter sehr streng vermahnt, versprach, mich zu bessern, obgleich ich es mir nicht vorstellen konnte, wie ich es machen sollte, und wurde dann zu Frau Rödder gebracht, der Frau unseres Stadtorganisten. Sie war eine runde, lustige Frau mit einer hellen, freundlichen Stimme, die mit einem Schlage meine ganze widerspenstige und leichtsinnige Seele in ihre Hand bekam. Ich begriff plötzlich alles. Der Musik, die ich lernen sollte, antwortete die Musik in meiner Seele. Jede Stunde brachte neue Offenbarungen. In ihre Zimmer voll Sonne und Blumen kam ich mit frohem Herzen. Das feste Zutrauen dieser liebevollen, warmen Seele zu allem, was gut in mir war, öffnete mein Herz weit. Ich liebte sie und hätte sie nicht enttäuschen können. Ich machte plötzlich große Fortschritte, denn sie lehrte mich, wie ich zu Hause üben musste, und ich übte nun mit Freuden. Und wenn ich meine kleinen Musikstücke auswendig und fehlerlos in der Stunde vorgespielt hatte, dann rief sie mit heller Stimme nach Mann und Söhnen: „Kommt und hört, wie die kleine Mona spielt!“

Und sie kamen und mussten sich als richtige Zuhörer hinsetzen. Stolz und selig saß ich da, mit meinen spiegelblank geflochtenen Zöpfen, mit baumelnden Beinchen auf dem hohen Klavierstuhl, zählte laut und spielte der aufhorchenden Familie meine kleinen Stücke vor. Ja, das war wohl etwas ganz anderes als die Erfolge bei der Familie Tamissar. War es besonders gut gegangen, durfte ich vorsingen: „Die Katz sitzt auf der Mauer“ und „Wenn die Schwalben heimwärts ziehn“.

Das Letztere sang ich mit besonderem Entzücken und großer innerer Bewegung. Frau Rödder, die mich begleitete, strich mir dann liebevoll übers Haar. Einmal sah ich zu meinem großen Erstaunen, dass sie dabei Tränen in den Augen hatte.

„Kind, aus dir wird noch was“, sagte sie, und mir war's, als wüchsen mir Flügel.

MONIKA HUNNIUS

DIE STIMME
DER FREUNDSCHAFT
IN DER NOT ZU VERNEHMEN
IST DAS GÖTTLICHSTE,
WAS DEM HERZEN
WIDERFAHREN KANN.

CHARLOTTE VON SCHILLER

Einen Menschen wissen,

der dich ganz versteht,
der in Bitternissen
immer zu dir steht,
der auch deine Schwächen
liebt, weil du bist sein;
dann mag alles brechen,
du bist nie allein.

MARIE VON EBNER-ESCHENBACH

Meine Freunde
sind mein Vermögen.

EMILY DICKINSON

Ich war schon immer der Ansicht,
dass das größte Privileg,
die größte Hilfe und der größte Trost
in einer Freundschaft darin bestehen,
dass man nichts erklären muss.

KATHERINE MANSFIELD

Auf den Wegen der Freundschaft soll man kein Gras wachsen lassen.

MARIE-THÉRÈSE GEOFFRIN

Das Leben ist zu kurz,
um Animositäten zu pflegen
und sich auf das Schlechte
zu konzentrieren.

CHARLOTTE BRONTË

Loslassen:
etwas niederlegen können,
ohne es als Niederlage
betrachten zu müssen.

HENRIETTE HANKE

Um *glücklich* zu sein,
muss man
seine Vorurteile abgelegt und
seine Illusionen behalten haben.

ÉMILIE DU CHÂTELET

Ich liebe dich, Leben,
ich will dir dienen,
herrliches, großes,
grausames, du!

Reich deinen Kelch mir,
den schmerzgefüllten –
will ihn dir bringen,
trinke dir zu!

Immer aufs Neue
will ich ihn leeren,
presst mir der Ekel
oft auch den Mund.

Immer aufs Neue,
kostbare Gabe,
will ich dich kosten
bis auf den Grund.

Rauscht, meine Saiten,
klingt, meine Lieder,
dass ich dir singe
mit jauchzender Lust –

wenn deine Schmerzen
jäh mich durchzittern,
wenn deine Freude
schwellt meine Brust.

Reich deinen Kelch mir,
den schaumgekrönten –
will ihn dir bringen,
trinke dir zu!

Neige mich, preisend,
was du gegeben,
herrliches Leben,
siegreiches, du!

THEKLA LINGEN

Wir alle haben unser eigenes Leben,
das wir verfolgen,
unsere eigene Art von Träumen,
die wir weben,
und wir alle haben die Macht,
Wünsche in Erfüllung gehen zu lassen,
solange wir daran glauben.

LOUISA MAY ALCOTT

Glück liegt nur in dem Bewusstsein,
das wir von ihm haben,
und keineswegs darin,
wie die Zukunft
ihr Versprechen hält.

GEORGE SAND

Die *Zukunft* gehört denen,
die an ihre Träume glauben.

ELEANOR ROOSEVELT

Warte nicht
auf eine spätere, gelegenere Zeit,
denn du bist nicht sicher,
dass du sie haben wirst.

KATHARINA VON SIENA

Wenn man mit *Flügeln*
geboren wird,
sollte man alles dafür tun,
sie zum Fliegen zu benutzen.

FLORENCE NIGHTINGALE